DE L'ESSENCE DU RIRE ET GÉNÉRALEMENT DU COMIQUE DANS LES ARTS PLASTIQUES

CHARLES BAUDELAIRE

Texte extrait de
Oeuvres complètes de Charles Baudelaire
Editions C. Lévy, Paris
—— 1868 ——

Copyright © 2022 by Culturea
Édition : Culturea 34980 (Hérault)
Impression : BOD - In de Tarpen 42, Norderstedt (Allemagne)
ISBN : 9782382743355
Dépôt légal : Octobre 2022
Tous droits réservés pour tous pays

Paul Legrand dans le personnage de *Pierrot* (1855 environ), photographié par Nadar.

I

Je ne veux pas écrire un traité de la caricature [1] ; je veux simplement faire part au lecteur de quelques réflexions qui me sont venues souvent au sujet de ce genre singulier.

Ces réflexions étaient devenues pour moi une espèce d'obsession ; j'ai voulu me soulager. J'ai fait, du reste, tous mes efforts pour y mettre un certain ordre et en rendre ainsi la digestion plus facile. Ceci est donc purement un article de philosophe et d'artiste. Sans doute une histoire générale de la caricature dans ses rapports avec tous les faits politiques et religieux, graves ou frivoles, relatifs à l'esprit national ou à la mode, qui ont agité l'humanité, est une œuvre glorieuse et importante. Le travail est encore à faire, car les essais publiés jusqu'à présent ne sont guère que matériaux ; mais j'ai pensé qu'il fallait diviser le travail. Il est clair qu'un ouvrage sur la caricature, ainsi compris, est une histoire de faits, une immense galerie anecdotique. Dans la caricature, bien plus que dans les autres branches de l'art, il existe deux sortes d'œuvres précieuses et recommandables à des titres différents et presque contraires. Celles-ci ne valent que par le fait qu'elles représentent. Elles ont droit sans doute à l'attention de l'historien, de l'archéologue et même du philosophe ; elles doivent prendre leur rang dans les archives nationales, dans les registres biographiques de la pensée humaine. Comme les feuilles volantes du journalisme, elles disparaissent emportées par le souffle incessant qui en amène de nouvelles ; mais les autres, et ce sont celles dont je veux spécialement m'occuper, contiennent un élément mystérieux, durable, éternel, qui les recommande à l'attention des artistes. Chose curieuse et vraiment digne d'attention que l'introduction de cet élément insaisissable du beau jusque dans les œuvres destinées à représenter à l'homme sa propre laideur morale et physique ! Et, chose non moins mystérieuse, ce spectacle lamentable excite en lui une hilarité immortelle et incorrigible. Voilà donc le véritable sujet de cet article.

Un scrupule me prend. Faut-il répondre par une démonstration en règle à une espèce de question préalable que voudraient sans doute malicieusement soulever certains professeurs jurés de sérieux, charlatans de la gravité, cadavres pédantesques sortis des froids hypogées [2] de l'Institut, et revenus sur la terre des vivants, comme certains fantômes avares, pour arracher quelques sous à de complaisants ministères ? D'abord, diraient-ils, la caricature est-elle un genre ? Non, répondraient leurs compères, la caricature n'est pas un genre. J'ai entendu résonner à mes oreilles de pareilles hérésies dans des dîners d'académiciens. Ces braves gens laissaient passer à côté d'eux la comédie de Robert Macaire sans y apercevoir de grands symptômes moraux et littéraires.

Contemporains de Rabelais, ils l'eussent traité de vil et de grossier bouffon. En vérité, faut-il donc démontrer que rien de ce qui sort de l'homme n'est frivole aux yeux du philosophe ?

À coup sûr ce sera, moins que tout autre, cet élément profond et mystérieux qu'aucune philosophie n'a jusqu'ici analysé à fond. Nous allons donc nous occuper de l'essence du rire et des éléments constitutifs de la caricature. Plus tard, nous examinerons peut-être quelques-unes des œuvres les plus remarquables produites en ce genre.

II

Le Sage ne rit qu'en tremblant [3]. De quelles lèvres pleines d'autorité, de quelle plume parfaitement orthodoxe est tombée cette étrange et saisissante maxime ? Nous vient-elle du roi philosophe de la Judée ? Faut-il l'attribuer à Joseph de Maistre, ce soldat animé de l'Esprit-Saint ? J'ai un vague souvenir de l'avoir lue dans un de ses livres, mais donnée comme citation, sans doute. Cette sévérité de pensée et de style va bien à la sainteté majestueuse de Bossuet ; mais la tournure elliptique de la pensée et la finesse quintessenciée me porteraient plutôt à en attribuer l'honneur à Bourdaloue, l'impitoyable psychologue chrétien. Cette singulière maxime me revient sans cesse à l'esprit depuis que j'ai conçu le projet de cet article, et j'ai voulu m'en débarrasser tout d'abord.
Analysons, en effet, cette curieuse proposition : le Sage, c'est-à-dire celui qui est animé de l'esprit du Seigneur, celui qui possède la pratique du formulaire divin, ne rit, ne s'abandonne au rire qu'en tremblant. Le Sage tremble d'avoir ri ; le Sage craint le rire, comme il craint les spectacles mondains, la concupiscence. Il s'arrête au bord du rire comme au bord de la tentation. Il y a donc, suivant le Sage, une certaine contradiction secrète entre son caractère de sage et le caractère primordial du rire. En effet, pour n'effleurer qu'en passant des souvenirs plus que solennels, je ferai remarquer, – ce qui corrobore parfaitement le caractère officiellement chrétien de cette maxime, – que le Sage par excellence, le Verbe Incarné, n'a jamais ri. Aux yeux de Celui qui sait tout et qui peut tout, le comique n'est pas. Et pourtant le Verbe Incarné a connu la colère, il a même connu les pleurs.
Ainsi, notons bien ceci : en premier lieu, voici un auteur, – un chrétien, sans doute, – qui considère comme certain que le Sage y regarde de bien près avant de se permettre de rire, comme s'il devait lui en rester je ne sais quel malaise et quelle inquiétude, et, en second lieu, le comique disparaît au point de vue de la science et de la puissance absolues. Or, en inversant les deux propositions, il en résulterait que le rire est généralement l'apanage des fous [4], et qu'il implique toujours plus ou moins d'ignorance et de faiblesse. Je ne veux point m'embarquer aventureusement sur une mer théologique, pour laquelle je ne serais sans doute pas muni de boussole ni de voiles suffisantes ; je me contente d'indiquer au lecteur et de lui montrer du doigt ces singuliers horizons [5].

Il est certain, si l'on veut se mettre au point de vue de l'esprit orthodoxe, que le rire humain est intimement lié à l'accident d'une chute ancienne, d'une dégradation physique et morale [6]. Le rire et la douleur s'expriment par les organes où résident le commandement et la science du bien ou du mal : les yeux et la bouche. Dans le paradis terrestre (qu'on le suppose passé ou à venir, souvenir ou prophétie, comme les théologiens ou comme les socialistes), dans le paradis terrestre, c'est-à-dire dans le milieu où il semblait à l'homme que toutes les choses créées étaient bonnes, la joie n'était pas dans le rire. Aucune peine ne l'affligeant, son visage était simple et uni, et le rire qui agite maintenant les nations ne déformait point les traits de sa face. Le rire et les larmes ne peuvent pas se faire voir dans le paradis de délices. Ils sont également les enfants de la peine, et ils sont venus parce que le corps de l'homme énervé manquait de force pour les contraindre [7]. Au point de vue de mon philosophe chrétien, le rire de ses lèvres est signe d'une aussi grande misère que les larmes de ses yeux. L'Être qui voulut multiplier son image n'a point mis dans la bouche de l'homme les dents du lion, mais l'homme mord avec le rire ; ni dans ses yeux toute la ruse fascinatrice du serpent, mais il séduit avec les larmes. Et remarquez que c'est aussi avec les larmes que l'homme lave les peines de l'homme, que c'est avec le rire qu'il adoucit quelquefois son cœur et l'attire ; car les phénomènes engendrés par la chute deviendront les moyens du rachat.
Qu'on me permette une supposition poétique qui me servira à vérifier la justesse de ces assertions, que beaucoup de personnes trouveront sans doute entachées de l'*a priori* du mysticisme. Essayons, puisque le comique est un élément damnable et d'origine diabolique, de mettre en face une âme absolument primitive et sortant, pour ainsi dire, des mains de la nature.
Prenons pour exemple la grande et typique figure de Virginie [8], qui symbolise parfaitement la pureté et la naïveté absolues. Virginie arrive à Paris encore toute trempée des brumes de la mer et dorée par le soleil des tropiques, les yeux pleins des grandes images primitives des vagues, des montagnes et des forêts. Elle tombe ici en pleine civilisation turbulente, débordante et méphitique, elle, tout imprégnée des pures et riches senteurs de l'Inde ; elle se rattache à l'humanité par la famille et par l'amour, par sa mère et par son amant, son Paul, angélique comme elle, et dont le sexe ne se distingue pour ainsi dire pas du sien dans les ardeurs inassouvies d'un amour qui s'ignore. Dieu, elle l'a connu dans l'église des Pamplemousses, une petite église toute modeste et toute chétive, et dans l'immensité de l'indescriptible azur tropical, et dans la musique

immortelle des forêts et des torrents. Certes, Virginie est une grande intelligence ; mais peu d'images et peu de souvenirs lui suffisent, comme au Sage peu de livres. Or, un jour, Virginie rencontre par hasard, innocemment, au Palais-Royal, aux carreaux d'un vitrier, sur une table, dans un lieu public, une caricature ! une caricature bien appétissante pour nous, grosse de fiel et de rancune, comme sait les faire une civilisation perspicace et ennuyée. Supposons quelque bonne farce de boxeurs, quelque énormité britannique, pleine de sang caillé et assaisonnée de quelques monstrueux *goddam* ; ou, si cela sourit davantage à votre imagination curieuse, supposons devant l'œil de notre virginale Virginie quelque charmante et agaçante impureté, un Gavarni de ce temps-là, et des meilleurs, quelque satire insultante contre des folies royales, quelque diatribe plastique contre le Parc-aux-Cerfs, ou les précédents fangeux d'une grande favorite, ou les escapades nocturnes de la proverbiale Autrichienne. La caricature est double : le dessin et l'idée : le dessin violent, l'idée mordante et voilée ; complication d'éléments pénibles pour un esprit naïf, accoutumé à comprendre d'intuition des choses simples comme lui. Virginie a vu ; maintenant elle regarde. Pourquoi ? Elle regarde l'inconnu. Du reste, elle ne comprend guère ni ce que cela veut dire ni à quoi cela sert.

Et pourtant, voyez-vous ce reploiement d'ailes subit, ce frémissement d'une âme qui se voile et veut se retirer ? L'ange a senti que le scandale était là. Et, en vérité, je vous le dis, qu'elle ait compris ou qu'elle n'ait pas compris, il lui restera de cette impression je ne sais quel malaise, quelque chose qui ressemble à la peur. Sans doute, que Virginie reste à Paris et que la science lui vienne, le rire lui viendra ; nous verrons pourquoi.

Mais, pour le moment, nous, analyste et critique, qui n'oserions certes pas affirmer que notre intelligence est supérieure à celle de Virginie, constatons la crainte et la souffrance de l'ange immaculé devant la caricature.

III

Ce qui suffirait pour démontrer que le comique est un des plus clairs signes sataniques de l'homme et un des nombreux pépins contenus dans la pomme symbolique, est l'accord unanime des physiologistes du rire sur la raison première de ce monstrueux phénomène. Du reste, leur découverte n'est pas très profonde et ne va guère loin. Le rire, disent-ils, vient de la supériorité. Je ne serais pas étonné que devant cette découverte le physiologiste se fût mis à rire en pensant à sa propre supériorité. Aussi, il fallait dire : le rire vient de l'idée de sa propre supériorité. Idée satanique s'il en fut jamais !
Orgueil et aberration ! Or, il est notoire que tous les fous des hôpitaux ont l'idée de leur propre supériorité développée outre mesure.
Je ne connais guère de fous d'humilité.
Remarquez que le rire est une des expressions les plus fréquentes et les plus nombreuses de la folie. Et voyez comme tout s'accorde : quand Virginie, déchue, aura baissé d'un degré en pureté, elle commencera à avoir l'idée de sa propre supériorité, elle sera plus savante au point de vue du monde, et elle rira.
J'ai dit qu'il y avait symptôme de faiblesse dans le rire ; et, en effet, quel signe plus marquant de débilité qu'une convulsion nerveuse, un spasme involontaire comparable à l'éternuement, et causé par la vue du malheur d'autrui ? Ce malheur est presque toujours une faiblesse d'esprit. Est-il un phénomène plus déplorable que la faiblesse se réjouissant de la faiblesse ? Mais il y a pis. Ce malheur est quelquefois d'une espèce très inférieure, une infirmité dans l'ordre physique. Pour prendre un des exemples les plus vulgaires de la vie, qu'y a-t-il de si réjouissant dans le spectacle d'un homme qui tombe sur la glace ou sur le pavé, qui trébuche au bout d'un trottoir [9], pour que la face de son frère en Jésus-Christ se contracte d'une façon désordonnée, pour que les muscles de son visage se mettent à jouer subitement comme une horloge à midi ou un joujou à ressorts ? Ce pauvre diable s'est au moins défiguré, peut-être s'est-il fracturé un membre essentiel. Cependant, le rire est parti, irrésistible et subit. Il est certain que si l'on veut creuser cette situation, on trouvera au fond de la pensée du rieur un certain orgueil inconscient. C'est là le point de départ : *moi*, je ne tombe pas ; *moi*, je marche droit ; *moi*, mon pied est ferme et assuré. Ce n'est pas *moi* qui commettrais la sottise de ne

pas voir un trottoir interrompu ou un pavé qui barre le chemin. L'école romantique, ou, pour mieux dire, une des subdivisions de l'école romantique, l'école satanique, a bien compris cette loi primordiale du rire ; ou du moins, si tous ne l'ont pas comprise, tous, même dans leurs plus grossières extravagances et exagérations, l'ont sentie et appliquée juste. Tous les mécréants de mélodrame, maudits, damnés, fatalement marqués d'un rictus qui court jusqu'aux oreilles, sont dans l'orthodoxie pure du rire. Du reste, ils sont presque tous des petits-fils légitimes ou illégitimes du célèbre voyageur Melmoth, la grande création satanique du révérend Maturin. Quoi de plus grand, quoi de plus puissant relativement à la pauvre humanité que ce pâle et ennuyé Melmoth ? Et pourtant, il y a en lui un côté faible, abject, antidivin et antilumineux. Aussi comme il rit, comme il rit, se comparant sans cesse aux chenilles humaines, lui si fort, si intelligent, lui pour qui une partie des lois conditionnelles de l'humanité, physiques et intellectuelles, n'existent plus ! Et ce rire est l'explosion perpétuelle de sa colère et de sa souffrance. Il est, qu'on me comprenne bien, la résultante nécessaire de sa double nature contradictoire, qui est infiniment grande relativement à l'homme, infiniment vile et basse relativement au Vrai et au Juste absolus. Melmoth est une contradiction vivante. Il est sorti des conditions fondamentales de la vie ; ses organes ne supportent plus sa pensée. C'est pourquoi ce rire glace et tord les entrailles.
C'est un rire qui ne dort jamais, comme une maladie qui va toujours son chemin et exécute un ordre providentiel. Et ainsi le rire de Melmoth, qui est l'expression la plus haute de l'orgueil, accomplit perpétuellement sa fonction, en déchirant et en brûlant les lèvres du rieur irrémissible.

IV

Maintenant, résumons un peu, et établissons plus visiblement les propositions principales, qui sont comme une espèce de théorie du rire. Le rire est satanique, il est donc profondément humain. Il est dans l'homme la conséquence de l'idée de sa propre supériorité ; et, en effet, comme le rire est essentiellement humain, il est essentiellement contradictoire, c'est-à-dire qu'il est à la fois signe d'une grandeur infinie et d'une misère infinie, misère infinie relativement à l'Être absolu dont il possède la conception, grandeur infinie relativement aux animaux [10]. C'est du choc perpétuel de ces deux infinis que se dégage le rire. Le comique, la puissance du rire est dans le rieur et nullement dans l'objet du rire. Ce n'est point l'homme qui tombe qui rit de sa propre chute, à moins qu'il ne soit un philosophe, un homme qui ait acquis, par habitude, la force de se dédoubler rapidement et d'assister comme spectateur désintéressé aux phénomènes de son *moi*. Mais le cas est rare. Les animaux les plus comiques sont les plus sérieux ; ainsi les singes et les perroquets. D'ailleurs, supposez l'homme ôté de la création, il n'y aura plus de comique, car les animaux ne se croient pas supérieurs aux végétaux, ni les végétaux aux minéraux. Signe de supériorité relativement aux bêtes, et je comprends sous cette dénomination les parias nombreux de l'intelligence, le rire est signe d'infériorité relativement aux sages, qui par l'innocence contemplative de leur esprit se rapprochent de l'enfance. Comparant, ainsi que nous en avons le droit, l'humanité à l'homme, nous voyons que les nations primitives, ainsi que Virginie, ne conçoivent pas la caricature et n'ont pas de comédies (les livres sacrés, à quelques nations qu'ils appartiennent, ne rient jamais), et que, s'avançant peu à peu vers les pics nébuleux de l'intelligence, ou se penchant sur les fournaises ténébreuses de la métaphysique, les nations se mettent à rire diaboliquement du rire de Melmoth ; et, enfin, que si dans ces mêmes nations ultra-civilisées, une intelligence, poussée par une ambition supérieure, veut franchir les limites de l'orgueil mondain et s'élancer hardiment vers la poésie pure, dans cette poésie, limpide et profonde comme la nature, le rire fera défaut comme dans l'âme du Sage.
Comme le comique est signe de supériorité ou de croyance à sa propre supériorité, il est naturel de croire qu'avant qu'elles aient

atteint la purification absolue promise par certains prophètes mystiques, les nations verront s'augmenter en elles les motifs de comique à mesure que s'accroîtra leur supériorité. Mais aussi le comique change de nature. Ainsi l'élément angélique et l'élément diabolique fonctionnent parallèlement. L'humanité s'élève, et elle gagne pour le mal et l'intelligence du mal une force proportionnelle à celle qu'elle a gagnée pour le bien. C'est pourquoi je ne trouve pas étonnant que nous, enfants d'une loi meilleure que les lois religieuses antiques, nous, disciples favorisés de Jésus, nous possédions plus d'éléments comiques que la païenne antiquité. Cela même est une condition de notre force intellectuelle générale. Permis aux contradicteurs jurés de citer la classique historiette du philosophe qui mourut de rire en voyant un âne qui mangeait des figues [11], et même les comédies d'Aristophane et celles de Plaute. Je répondrai qu'outre que ces époques sont essentiellement civilisées, et que la croyance s'était déjà bien retirée, ce comique n'est pas tout à fait le nôtre. Il a même quelque chose de sauvage, et nous ne pouvons guère nous l'approprier que par un effort d'esprit à reculons, dont le résultat s'appelle pastiche.

Quant aux figures grotesques que nous a laissées l'antiquité, les masques, les figurines de bronze, les Hercules tout en muscles, les petits Priapes à la langue recourbée en l'air, aux oreilles pointues, tout en cervelet et en phallus,

– quant à ces phallus prodigieux sur lesquels les blanches filles de Romulus montent innocemment à cheval, ces monstrueux appareils de la génération armés de sonnettes et d'ailes, je crois que toutes ces choses sont pleines de sérieux. Vénus, Pan, Hercule, n'étaient pas des personnages risibles. On en a ri après la venue de Jésus, Platon et Sénèque aidant. Je crois que l'antiquité était pleine de respect pour les tambours-majors et les faiseurs de tours de force en tout genre, et que tous les fétiches extravagants que je citais ne sont que des signes d'adoration, ou tout au plus des symboles de force, et nullement des émanations de l'esprit intentionnellement comiques. Les idoles indiennes et chinoises ignorent qu'elles sont ridicules ; c'est en nous, chrétiens, qu'est le comique.

V

Il ne faut pas croire que nous soyons débarrassés de toute difficulté. L'esprit le moins accoutumé à ces subtilités esthétiques saurait bien vite m'opposer cette objection insidieuse : le rire est divers. On ne se réjouit pas toujours d'un malheur, d'une faiblesse, d'une infériorité. Bien des spectacles qui excitent en nous le rire sont fort innocents, et non seulement les amusements de l'enfance, mais encore bien des choses qui servent au divertissement des artistes, n'ont rien à démêler avec l'esprit de Satan.
Il y a bien là quelque apparence de vérité.
Mais il faut d'abord bien distinguer la joie d'avec le rire. La joie existe par elle-même, mais elle a des manifestations diverses.
Quelquefois elle est presque invisible ; d'autres fois, elle s'exprime par les pleurs. Le rire n'est qu'une expression, un symptôme, un diagnostic.
Symptôme de quoi ? Voilà la question. La joie est *une*. Le rire est l'expression d'un sentiment double, ou contradictoire ; et c'est pour cela qu'il y a convulsion. Aussi le rire des enfants, qu'on voudrait en vain m'objecter, est-il tout à fait différent, même comme expression physique, comme forme, du rire de l'homme qui assiste à une comédie, regarde une caricature, ou du rire terrible de Melmoth ; de Melmoth, l'être déclassé, l'individu situé entre les dernières limites de la patrie humaine et les frontières de la vie supérieure ; de Melmoth se croyant toujours près de se débarrasser de son pacte infernal, espérant sans cesse troquer ce pouvoir surhumain, qui fait son malheur, contre la conscience pure d'un ignorant qui lui fait envie. – Le rire des enfants est comme un épanouissement de fleur. C'est la joie de recevoir, la joie de respirer, la joie de s'ouvrir, la joie de contempler, de vivre, de grandir. C'est une joie de plante. Aussi, généralement, est-ce plutôt le sourire, quelque chose d'analogue au balancement de queue des chiens ou au ronron des chats. Et pourtant, remarquez bien que si le rire des enfants diffère encore des expressions du contentement animal, c'est que ce rire n'est pas tout à fait exempt d'ambition, ainsi qu'il convient à des bouts d'hommes, c'est-à-dire à des Satans en herbe.
Il y a un cas où la question est plus compliquée. C'est le rire de l'homme, mais rire vrai, rire violent, à l'aspect d'objets qui ne sont

pas un signe de faiblesse ou de malheur chez ses semblables. Il est facile de deviner que je veux parler du rire causé par le grotesque. Les créations fabuleuses, les êtres dont la raison, la légitimation ne peut pas être tirée du code du sens commun, excitent souvent en nous une hilarité folle, excessive, et qui se traduit en des déchirements et des pâmoisons interminables. Il est évident qu'il faut distinguer, et qu'il y a là un degré de plus. Le comique est, au point de vue artistique, une imitation ; le grotesque, une création. Le comique est une imitation mêlée d'une certaine faculté créatrice, c'est-à-dire d'une idéalité artistique. Or, l'orgueil humain, qui prend toujours le dessus, et qui est la cause naturelle du rire dans le cas du comique, devient aussi cause naturelle du rire dans le cas du grotesque, qui est une création mêlée d'une certaine faculté imitatrice d'éléments préexistants dans la nature. Je veux dire que dans ce cas-là le rire est l'expression de l'idée de supériorité, non plus de l'homme sur l'homme, mais de l'homme sur la nature. Il ne faut pas trouver cette idée trop subtile ; ce ne serait pas une raison suffisante pour la repousser. Il s'agit de trouver une autre explication plausible. Si celle-ci paraît tirée de loin et quelque peu difficile à admettre, c'est que le rire causé par le grotesque a en soi quelque chose de profond, d'axiomatique et de primitif qui se rapproche beaucoup plus de la vie innocente et de la joie absolue que le rire causé par le comique de mœurs. Il y a entre ces deux rires, abstraction faite de la question d'utilité, la même différence qu'entre l'école littéraire intéressée et l'école de l'art pour l'art. Ainsi le grotesque domine le comique d'une hauteur proportionnelle.

J'appellerai désormais le grotesque comique absolu, comme antithèse au comique ordinaire, que j'appellerai comique significatif [12]. Le comique significatif est un langage plus clair, plus facile à comprendre pour le vulgaire, et surtout plus facile à analyser, son élément étant visiblement double : l'art et l'idée morale ; mais le comique absolu [13], se rapprochant beaucoup plus de la nature, se présente sous une espèce *une*, et qui veut être saisie par intuition. Il n'y a qu'une vérification du grotesque, c'est le rire, et le rire subit ; en face du comique significatif, il n'est pas défendu de rire après coup ; cela n'argüe pas contre sa valeur ; c'est une question de rapidité d'analyse.

J'ai dit : comique absolu ; il faut toutefois prendre garde. Au point de vue de l'absolu définitif, il n'y a plus que la joie. Le comique ne peut être absolu que relativement à l'humanité déchue, et c'est ainsi que je l'entends.

VI

L'essence très relevée du comique absolu en fait l'apanage des artistes supérieurs qui ont en eux la réceptibilité suffisante de toute idée absolue. Ainsi l'homme qui a jusqu'à présent le mieux senti ces idées, et qui en a mis en œuvre une partie dans des travaux de pure esthétique et aussi de création, est Théodore Hoffmann. Il a toujours bien distingué le comique ordinaire du comique qu'il appelle *comique innocent*. Il a cherché souvent à résoudre en œuvres artistiques les théories savantes qu'il avait émises didactiquement, ou jetées sous la forme de conversations inspirées et de dialogues critiques ; et c'est dans ces mêmes œuvres que je puiserai tout à l'heure les exemples les plus éclatants, quand j'en viendrai à donner une série d'applications des principes ci-dessus énoncés et à coller un échantillon sous chaque titre de catégorie.

D'ailleurs, nous trouvons dans le comique absolu et le comique significatif des genres, des sous-genres et des familles. La division peut avoir lieu sur différentes bases. On peut la construire d'abord d'après une loi philosophique pure, ainsi que j'ai commencé à le faire, puis d'après la loi artistique de création. La première est créée par la séparation primitive du comique absolu d'avec le comique significatif ; la seconde est basée sur le genre de facultés spéciales de chaque artiste. Et, enfin, on peut aussi établir une classification de comiques suivant les climats et les diverses aptitudes nationales. Il faut remarquer que chaque terme de chaque classification peut se compléter et se nuancer par l'adjonction d'un terme d'une autre, comme la loi grammaticale nous enseigne à modifier le substantif par l'adjectif.

Ainsi, tel artiste allemand ou anglais est plus ou moins propre au comique absolu, et en même temps il est plus ou moins idéalisateur. Je vais essayer de donner des exemples choisis de comique absolu et significatif, et de caractériser brièvement l'esprit comique propre à quelques nations principalement artistes, avant d'arriver à la partie où je veux discuter et analyser plus longuement le talent des hommes qui en ont fait leur étude et leur existence.

En exagérant et poussant aux dernières limites les conséquences du comique significatif, on obtient le comique féroce, de même que l'expression synonymique du comique innocent, avec un degré de plus, est le comique absolu.

En France, pays de pensée et de démonstration claires, où l'art vise naturellement et directement à l'utilité, le comique est généralement significatif. Molière fut dans ce genre la meilleure expression française ; mais comme le fond de notre caractère est un éloignement de toute chose extrême, comme un des diagnostics particuliers de toute passion française, de toute science, de tout art français est de fuir l'excessif, l'absolu et le profond, il y a conséquemment ici peu de comique féroce ; de même notre grotesque s'élève rarement à l'absolu.

Rabelais, qui est le grand maître français en grotesque, garde au milieu de ses plus énormes fantaisies quelque chose d'utile et de raisonnable. Il est directement symbolique. Son comique a presque toujours la transparence d'un apologue. Dans la caricature française, dans l'expression plastique du comique, nous retrouverons cet esprit dominant. Il faut l'avouer, la prodigieuse bonne humeur poétique nécessaire au vrai grotesque se trouve rarement chez nous à une dose égale et continue. De loin en loin, on voit réapparaître le filon ; mais il n'est pas essentiellement national. Il faut mentionner dans ce genre quelques intermèdes de Molière, malheureusement trop peu lus et trop peu joués, entre autres ceux du *Malade imaginaire* et du *Bourgeois gentilhomme*, et les figures carnavalesques de Callot. Quant au comique des *Contes* de Voltaire, essentiellement français, il tire toujours sa raison d'être de l'idée de supériorité ; il est tout à fait significatif.

La rêveuse Germanie nous donnera d'excellents échantillons de comique absolu. Là tout est grave, profond, excessif. Pour trouver du comique féroce et très féroce, il faut passer la Manche et visiter les royaumes brumeux du spleen. La joyeuse, bruyante et oublieuse Italie abonde en comique innocent. C'est en pleine Italie, au cœur du carnaval méridional, au milieu du turbulent Corso, que Théodore Hoffmann a judicieusement placé le drame excentrique de *La Princesse Brambilla*. Les Espagnols sont très bien doués en fait de comique. Ils arrivent vite au cruel, et leurs fantaisies les plus grotesques contiennent souvent quelque chose de sombre.

Je garderai longtemps le souvenir de la première pantomime anglaise que j'aie vu jouer.

C'était au théâtre des Variétés, il y a quelques années. Peu de gens s'en souviendront sans doute, car bien peu ont paru goûter ce genre de divertissement, et ces pauvres mimes anglais reçurent chez nous un triste accueil. Le public français n'aime guère être dépaysé. Il n'a pas le goût très cosmopolite, et les déplacements d'horizon lui troublent la vue. Pour mon compte, je fus excessivement frappé de cette manière de comprendre le comique. On disait, et c'étaient les indulgents, pour expliquer l'insuccès, que c'étaient des artistes vulgaires et médiocres, des doublures ; mais ce n'était pas là la question. Ils étaient Anglais, c'est là l'important.

Il m'a semblé que le signe distinctif de ce genre de comique était la violence. Je vais en donner la preuve par quelques échantillons de mes souvenirs.

D'abord, le Pierrot n'était pas ce personnage pâle comme la lune, mystérieux comme le silence, souple et muet comme le serpent, droit et long comme une potence, cet homme artificiel, mû par des ressorts singuliers, auquel nous avait accoutumés le regrettable [14] Debureau. Le Pierrot anglais arrivait comme la tempête, tombait comme un ballot, et quand il riait, son rire faisait trembler la salle : ce rire ressemblait à un joyeux tonnerre. C'était un homme court et gros, ayant augmenté sa prestance par un costume chargé de rubans, qui faisaient autour de sa jubilante personne l'office des plumes et du duvet autour des oiseaux, ou de la fourrure autour des angoras. Pardessus la farine de son visage, il avait collé crûment, sans gradation, sans transition, deux énormes plaques de rouge pur. La bouche était agrandie par une prolongation simulée des lèvres au moyen de deux bandes de carmin, de sorte que, quand il riait, la gueule avait l'air de courir jusqu'aux oreilles.

Quant au moral, le fond était le même que celui du Pierrot que tout le monde connaît : insouciance et neutralité, et partant accomplissement de toutes les fantaisies gourmandes et rapaces, au détriment, tantôt de Harlequin, tantôt de Cassandre ou de Léandre. Seulement, là où Debureau eût trempé le bout du doigt pour le lécher, il y plongeait les deux poings et les deux pieds.

Et toutes choses s'exprimaient ainsi dans cette singulière pièce, avec emportement ; c'était le vertige de l'hyperbole.

Auguste Bouquet : Jean-Gaspard Deburau, c. 1830.

Pierrot passe devant une femme qui lave le carreau de sa porte : après lui avoir dévalisé les poches, il veut faire passer dans les siennes l'éponge, le balai, le baquet et l'eau elle-même.
– Quant à la manière dont il essayait de lui exprimer son amour, chacun peut se le figurer par les souvenirs qu'il a gardés de la contemplation des mœurs phanérogamiques [15] des singes, dans la célèbre cage du Jardin des Plantes. Il faut ajouter que le rôle de la femme était rempli par un homme très long et très maigre, dont la pudeur violée jetait les hauts cris. C'était vraiment une ivresse de rire, quelque chose de terrible et d'irrésistible.
Pour je ne sais quel méfait, Pierrot devait être finalement guillotiné. Pourquoi la guillotine au lieu de la pendaison, en pays anglais ?...
Je l'ignore ; sans doute pour amener ce qu'on va voir. L'instrument funèbre était donc là dressé sur des planches françaises, fort étonnées de cette romantique nouveauté. Après avoir lutté et beuglé comme un bœuf qui flaire l'abattoir, Pierrot subissait enfin son destin. La tête se détachait du cou, une grosse tête blanche et rouge, et roulait avec bruit devant le trou du souffleur, montrant le disque saignant du cou, la vertèbre scindée, et tous les détails d'une viande de boucherie récemment taillée pour l'étalage. Mais voilà que, subitement, le torse raccourci, mû par la monomanie irrésistible du vol, se dressait, escamotait victorieusement sa propre tête comme un jambon ou une bouteille de vin, et, bien plus avisé que le grand saint Denis, la fourrait dans sa poche !
Avec une plume tout cela est pâle et glacé.
Comment la plume pourrait-elle rivaliser avec la pantomime ? La pantomime est l'épuration de la comédie ; c'en est la quintessence ; c'est l'élément comique pur, dégagé et concentré.
Aussi, avec le talent spécial des acteurs anglais pour l'hyperbole, toutes ces monstrueuses farces prenaient-elles une réalité singulièrement saisissante.
Une des choses les plus remarquables comme comique absolu, et, pour ainsi dire, comme métaphysique du comique absolu, était certainement le début de cette belle pièce, un prologue plein d'une haute esthétique. Les principaux personnages de la pièce, Pierrot, Cassandre, Harlequin, Colombine, Léandre, sont devant le public, bien doux et bien tranquilles. Ils sont à peu près raisonnables et ne diffèrent pas beaucoup des braves gens qui sont dans la salle. Le souffle merveilleux qui va les faire se mouvoir extraordinairement n'a pas encore soufflé sur leurs cervelles. Quelques jovialités de Pierrot ne peuvent donner qu'une pâle idée de ce qu'il fera tout à l'heure. La

rivalité de Harlequin et de Léandre vient de se déclarer. Une fée s'intéresse à Harlequin : c'est l'éternelle protectrice des mortels amoureux et pauvres. Elle lui promet sa protection, et, pour lui en donner une preuve immédiate, elle promène avec un geste mystérieux et plein d'autorité sa baguette dans les airs.
Aussitôt le vertige est entré, le vertige circule dans l'air ; on respire le vertige ; c'est le vertige qui remplit les poumons et renouvelle le sang dans le ventricule.
Qu'est-ce que ce vertige ? C'est le comique absolu ; il s'est emparé de chaque être. Léandre, Pierrot, Cassandre, font des gestes extraordinaires, qui démontrent clairement qu'ils se sentent introduits de force dans une existence nouvelle. Ils n'en ont pas l'air fâché. Ils s'exercent aux grands désastres et à la destinée tumultueuse qui les attend, comme quelqu'un qui crache dans ses mains et les frotte l'une contre l'autre avant de faire une action d'éclat.
Ils font le moulinet avec leurs bras, ils ressemblent à des moulins à vent tourmentés par la tempête. C'est sans doute pour assouplir leurs jointures, ils en auront besoin. Tout cela s'opère avec de gros éclats de rire, pleins d'un vaste contentement ; puis ils sautent les uns par-dessus les autres, et leur agilité et leur aptitude étant bien dûment constatées, suit un éblouissant bouquet de coups de pied, de coups de poing et de soufflets qui font le tapage et la lumière d'une artillerie ; mais tout cela est sans rancune. Tous leurs gestes, tous leurs cris, toutes leurs mines disent : la fée l'a voulu, la destinée nous précipite, je ne m'en afflige pas ; allons ! courons ! élançons-nous !
Et ils s'élancent à travers l'œuvre fantastique, qui, à proprement parler, ne commence que là, c'est-à-dire sur la frontière du merveilleux.
Harlequin et Colombine, à la faveur de ce délire, se sont enfuis en dansant, et d'un pied léger ils vont courir les aventures.
Encore un exemple : celui-là est tiré d'un auteur singulier, esprit très général, quoi qu'on en dise, et qui unit à la raillerie significative française la gaieté folle, mousseuse et légère des pays du soleil, en même temps que le profond comique germanique. Je veux encore parler d'Hoffmann.
Dans le conte intitulé : *Daucus Carota, Le Roi des Carottes*, et par quelques traducteurs *La Fiancée du roi*, quand la grande troupe des Carottes arrive dans la cour de la ferme où demeure la fiancée, rien n'est plus beau à voir.
Tous ces petits personnages d'un rouge écarlate comme un régiment anglais, avec un vaste plumet vert sur la tête comme les chasseurs de carrosse, exécutent des cabrioles et des voltiges merveilleuses sur de

petits chevaux. Tout cela se meut avec une agilité surprenante. Ils sont d'autant plus adroits et il leur est d'autant plus facile de retomber sur la tête, qu'elle est plus grosse et plus lourde que le reste du corps, comme les soldats en moelle de sureau qui ont un peu de plomb dans leur shako.

La malheureuse jeune fille, entichée de rêves de grandeur, est fascinée par ce déploiement de forces militaires. Mais qu'une armée à la parade est différente d'une armée dans ses casernes, fourbissant ses armes, astiquant son fourniment, ou, pis encore, ronflant ignoblement sur ses lits de camp puants et sales !

Voilà le revers de la médaille ; car tout ceci n'était que sortilège, appareil de séduction.

Son père, homme prudent et bien instruit dans la sorcellerie, veut lui montrer l'envers de toutes ces splendeurs. Ainsi, à l'heure où les légumes dorment d'un sommeil brutal, ne soupçonnant pas qu'ils peuvent être surpris par l'œil d'un espion, le père entrouvre une des tentes de cette magnifique armée ; et alors la pauvre rêveuse voit cette masse de soldats rouges et verts dans leur épouvantable déshabillé, nageant et dormant dans la fange terreuse d'où elle est sortie. Toute cette splendeur militaire en bonnet de nuit n'est plus qu'un marécage infect.

Je pourrais tirer de l'admirable Hoffmann bien d'autres exemples de comique absolu. Si l'on veut bien comprendre mon idée, il faut lire avec soin *Daucus Carota*, *Peregrinus Tyss*, *Le Pot d'or*, et surtout, avant tout, *La Princesse Brambilla*, qui est comme un catéchisme de haute esthétique.

Ce qui distingue très particulièrement Hoffmann est le mélange involontaire, et quelquefois très volontaire, d'une certaine dose de comique significatif avec le comique le plus absolu. Ses conceptions comiques les plus supranaturelles, les plus fugitives, et qui ressemblent souvent à des visions de l'ivresse, ont un sens moral très visible : c'est à croire qu'on a affaire à un physiologiste ou à un médecin de fous des plus profonds, et qui s'amuserait à revêtir cette profonde science de formes poétiques, comme un savant qui parlerait par apologues et paraboles.

Prenez, si vous voulez, pour exemple, le personnage de Giglio Fava, le comédien atteint de dualisme chronique, dans *La Princesse Brambilla*. Ce personnage *un* change de temps en temps de personnalité, et, sous le nom de Giglio Fava, il se déclare l'ennemi du prince assyrien Cornelio Chiapperi ; et quand il est prince assyrien, il déverse le plus profond et le plus royal mépris sur son rival auprès de la princesse, sur un misérable histrion qui s'appelle, à ce qu'on dit,

Giglio Fava.
Il faut ajouter qu'un des signes très particuliers du comique absolu est de s'ignorer lui-même. Cela est visible, non seulement dans certains animaux du comique desquels la gravité fait partie essentielle, comme les singes, et dans certaines caricatures sculpturales antiques dont j'ai déjà parlé, mais encore dans les monstruosités chinoises qui nous réjouissent si fort, et qui ont beaucoup moins d'intentions comiques qu'on le croit généralement. Une idole chinoise, quoiqu'elle soit un objet de vénération, ne diffère guère d'un poussah ou d'un magot de cheminée.
Ainsi, pour en finir avec toutes ces subtilités et toutes ces définitions, et pour conclure, je ferai remarquer une dernière fois qu'on retrouve l'idée dominante de supériorité dans le comique absolu comme dans le comique significatif, ainsi que je l'ai, trop longuement peut-être, expliqué ; – que, pour qu'il y ait comique, c'est-à-dire émanation, explosion, dégagement de comique, il faut qu'il y ait deux êtres en présence ; – que c'est spécialement dans le rieur, dans le spectateur, que gît le comique ; – que cependant, relativement à cette loi d'ignorance, il faut faire une exception pour les hommes qui ont fait métier de développer en eux le sentiment du comique et de le tirer d'eux-mêmes pour le divertissement de leurs semblables, lequel phénomène rentre dans la classe de tous les phénomènes artistiques qui dénotent dans l'être humain l'existence d'une dualité permanente, la puissance d'être à la fois soi et un autre [16].
Et pour en revenir à mes primitives définitions et m'exprimer plus clairement, je dis que quand Hoffmann engendre le comique absolu, il est bien vrai qu'il le sait ; mais il sait aussi que l'essence de ce comique est de paraître s'ignorer lui-même et de développer chez le spectateur, ou plutôt chez le lecteur, la joie de sa propre supériorité et la joie de la supériorité de l'homme sur la nature. Les artistes créent le comique ; ayant étudié et rassemblé les éléments du comique, ils savent que tel être est comique, et qu'il ne l'est qu'à la condition d'ignorer sa nature ; de même que, par une loi inverse, l'artiste n'est artiste qu'à la condition d'être double et de n'ignorer aucun phénomène de sa double nature.

[1] Ce texte a été initialement écrit par Baudelaire en guise d'introduction à un projet de livre consacré à la caricature. Il n'en écrira finalement que deux chapitres, intitulés : "Quelques caricaturistes " et "Quelques caricaturistes étrangers".
La 1ère version de *De l'essence du rire* a été publiée dans *Le*

Portefeuille (Journal artistique contenant un cours de dessin gradué) du 8 juillet 1855.
Une 2ème version remaniée, parut dans *Le Présent* du 1er septembre 1857.
Le texte présenté ici, est la 3ème version, quasiment identique à celle de 1857, qui se trouve dans l'ouvrage les *Curiosités esthétiques* (Michel Lévy frères, édition de 1868).

[2] En archéologie, *un hypogée* est une construction souterraine et plus spécifiquement une tombe creusée dans le sol.
[3] Cette phrase serait une maxime qu'il a lue chez Bossuet, qui, dans un passage des *Maximes et réflexions sur la comédie* (1694), écrit : « Le sage rit à peine à petit bruit et d'une bouche timide ». D'autres attribuent cette phrase à Lavater, l'inventeur de la physiognomonie, et qu'en voulant citer de mémoire, Baudelaire aurait fini par réécrire en cet aphorisme : « Le Sage ne rit qu'en tremblant »

[4] Ce sont les fous qui rient, parce qu'ils n'ont pas conscience de leur faiblesse, se prennent pour des grands.
[5] La question du rire de Jésus est une des questions théologiques du Moyen Âge. Il s'agit de savoir si face à l'adage d'Aristote selon lequel le rire est le propre de l'homme, Jésus de Nazareth avait jamais ri (ce qui n'apparaît pas dans les évangiles canoniques).
Cette question est l'un des ressorts du roman de Umberto Eco Le Nom de la rose qui oppose l'austère bibliothécaire bénédictin Jorge de Burgos au franciscain Guillaume de Baskerville. Au jeune Adso qui lui demande « Mais pourquoi l'Évangile ne dit-il jamais que Christ riait. [...] En va-t-il vraiment comme dit Jorge ? », Guillaume finit par répondre : « Ils ont été légion, ceux qui se sont demandé si Christ a jamais ri. La chose ne m'intéresse pas beaucoup. Je crois qu'il n'a jamais ri, parce que, omniscient comme devait l'être le fils de Dieu, il savait ce que nous ferions nous, les chrétiens. ».
[6] On ne riait pas, de même que l'on ne pleurait pas, au paradis. Le rire indique la misère de l'homme et son ignorance de cette misère, donc son orgueil : « *Le rire vient de l'idée de sa propre supériorité. Idée satanique s'il en fut jamais.* », comme il le dit plus loin (III)
[7] Ces éléments sont issus d'une page des *Contes normands*, publiés par Charles-Philippe, marquis de Chennevières-Pointel, dit Jean de Falaise, (1820 -1899), historien de l'art et écrivain français. Il publia plusieurs volumes anonymes de contes et d'historiettes sous divers pseudonymes dont : *Contes normands de Jean de Falaise*, 1869.
[8] Baudelaire fait ici référence à Virginie – la jeune fille de *Paul et*

Virginie, l'héroïne innocente de Bernardin de Saint-Pierre, tout juste débarquée de son île Maurice, cette île que Baudelaire a connue en 1842 – découvrant une caricature dans une boutique du Palais-Royal.... Pure, elle ne comprend pas, parce que la compréhension d'une caricature n'y comprend rien, parce que la caricature présuppose la malice. Toutefois, si elle reste à Paris, "le rire lui viendra", avec la perte de sa candeur.

[9] Baudelaire semble décrire une chose vue : un homme s'étale sur le boulevard, un peu comme le poète, dans *Perte d'auréole*, trébuche sur le macadam et fait dégringoler sa couronne. Au spectacle de cet homme étendu dans la rue, ses semblables se mettent à rire. Baudelaire en tire la conclusion que le rire est mauvais, satanique, qu'il est le signe du péché originel. Dans "*Perte d'auréole*", un poème en prose du **Spleen de Paris**, présenté sous la forme d'un dialogue, Baudelaire conte ainsi une mésaventure qui lui advint : " [...] vous connaissez ma terreur des chevaux et des voitures. Tout à l'heure, comme je traversais le boulevard, en grande hâte, et que je sautillais dans la boue, à travers ce chaos mouvant où la mort arrive au galop de tous les côtés à la fois, mon auréole, dans un mouvement brusque, a glissé de ma tête dans la fange du macadam. Je n'ai pas eu le courage de la ramasser. J'ai jugé moins désagréable de perdre mes insignes que de me faire rompre les os. Et puis, me suis-je dit, à quelque chose malheur est bon. Je puis maintenant me promener incognito, faire des actions basses, et me livrer à la crapule, comme les simples mortels. Et me voici, tout semblable à vous, comme vous voyez !"

[10] Les animaux ne rient pas. De manière très pascalienne, Baudelaire fait du rire à la fois le signe de la misère et de la grandeur de l'homme, misère par rapport à Dieu, mais grandeur relativement aux animaux. Le rire est à la fois *angélique et diabolique*. Et si l'homme n'existait pas, il n'y aurait pas de comique dans le monde. Le comique, (tout comme le "beau" suivant Kant), réside dans l'œil du rieur, non dans l'objet du rire.

[11] Il s'agit d'une anecdote vraisemblablement empruntée à Rabelais (*Gargantua*, chapitre XX ; *Quart Livre*, chapitre XVII). Elle se rencontre également chez Érasme, Lucien ou Valère-Maxime.

[12] Baudelaire distingue deux genres du comique, et donc deux rires : le comique qu'il appelle *significatif* et qui est le comique ordinaire, celui de nous tous devant une caricature, et la monarchie de Juillet, temps de la jeunesse de Baudelaire, fut la grande époque

de la caricature, avec Gavarni ou Daumier. La caricature est toujours un peu complaisante, elle flatte le spectateur, en fait un compère ; c'est le comique des contes de Voltaire, typique de l'esprit français que Baudelaire n'aime pas ; c'est celui des comédies de Molière, qui suscitent des réserves chez Baudelaire ; et c'est même celui de Rabelais, chez qui le rire est utile, sert à faire la leçon et a "la transparence d'un apologue".

[13] Cet autre comique, qu'il nomme l'*absolu*, innocent, grotesque, qui s'ignore, Baudelaire le trouve en Allemagne, en Italie, en Angleterre. Il pense au grotesque, à la pantomime, à la *commedia dell'arte*. Daumier est trop bonhomme pour y atteindre, mais Goya y parvient dans ses gravures fantastiques. Ce comique, ce sera celui du cinéma, de Buster Keaton, de Charlot, que Baudelaire avait prévus.

[14] *Regrettable* est employé ici dans son sens premier et signifie "Digne de regret". On dirait aujourd'hui, le "regretté" Debureau. *Jean-Gaspard Deburau* (1796 – 1846) (et non Debureau, comme son nom est orthographié ici, par erreur), fut un célèbre mime franco-bohémien. Il a joué au Théâtre des Funambules du début des années 1820 jusqu'à sa mort. Il a été immortalisé dans le film réaliste poétique de Marcel Carné, *Les Enfants du paradis* (1945), où il apparaît sous son nom de scène « Baptiste » (et sous les traits de Jean-Louis Barrault).
Sa plus célèbre création est *Pierrot*, un personnage qui fut l'ancêtre de tous les Pierrots romantiques, décadents, symbolistes et du début du modernisme.

[15] Relatif à une plante, un animal chez lequel les organes sexuels sont apparents.

[16] Au théâtre des Funambules, l'acteur qui tombe sur la scène est le premier à en rire, d'un rire innocent, supérieur. Le comique absolu est celui de ces comédiens ou caricaturistes exceptionnels, grâce à leur sagesse, sont capables de se dédoubler, ont la « *puissance d'être à la fois soi et un autre* ». Conscients de leur misère, ils ne s'excluent pas du risible. Un homme tombe dans la rue ; il se redresse et part d'un grand éclat de rire : c'est un sage, un ironiste, comme le poète de **Perte d'auréole.**